Detlef Wendler

In deiner Trauer bist du stark

HERDER

FREIBURG · BASEL · WIEN

Der Verlust tut weh

Du hast einen Menschen verloren, den du liebst.
Wer immer es ist, Partner oder Partnerin,
ein Elternteil oder gar ein Kind,
es tut weh.
Vielleicht ist es völlig überraschend gekommen,
vielleicht konntest du dich ein wenig vorbereiten.
Aber selbst dann war es plötzlich.
Du hast schon vieles geregelt und bewältigt.
Jetzt stehst du da und spürst:
Es ist anders als vorher.
Deine Gedanken kreisen in ungewohnten Bahnen.
Mitmenschen tun so, als würde dir etwas fehlen.
Natürlich fehlt dir der geliebte Mensch,
aber dennoch bist du lebendig und stark.
Nur ist dein Leben anders als vorher.
Es ist eine Wunde da
und du entwickelst Kräfte der Heilung.
Es ist ein Verlust da,
aber in dir wächst Anderes, Neues.

Du bist lebendig

Du magst dich auch manchmal kraftlos fühlen,
manchmal denken, du schaffst es nicht,
das ist verständlich.
Die Schritte, die von dir verlangt werden, sind herb.
Die notwendigen Veränderungen schwer.
Aber du bist in deiner Trauer lebendig,
ja, du bist eine Überlebenskünstlerin,
ein Überlebenskünstler,
selbst wenn du dich zuweilen nicht so fühlst.
Du kommst zurecht, irgendwie,
wenn auch anders als gewohnt.
Auf welche Art fühlst du deine Kraft?
Manche spüren sie als Trotz und leben im Dennoch:
„Ich lasse mich nicht unterkriegen", sagen sie.
Manche spüren sie als Wut:
„Ungerecht, warum muss das gerade uns passieren?"
Manche spüren ihre Kraft als Liebe zum Leben.
Ihre Energie bringt sie in Bewegung.

Du hast Sehnsucht

Vielleicht sehnst du dich nach Nähe
zu dem Menschen, der von dir gegangen ist.
Vielleicht siehst du ihn oder sie noch da sitzen
auf dem Lieblingssessel am Fenster.
Vielleicht hast du Sehnsucht nach Berührung,
wünschst dir, noch einmal umarmt zu werden.
Oder ein Streicheln über das Haar.
Vielleicht fehlen dir jetzt sogar
manche seiner lästigen Angewohnheiten,
die achtlos hingeworfenen Schuhe,
die zerknüllte Zeitung.
Du spürst jetzt wieder, was Sehnsucht ist,
wie in der ersten Zeit der Begegnung.
Vielleicht sehnst du dich nach Sicherheit,
nach Geborgenheit bei ihm, bei ihr.
So bist du mit dem noch verbunden,
der hinübergegangen ist in eine andere Welt.
Du bist noch in Beziehung,
nur anders als früher.

Du bist voller Liebe

Es sind schmerzhafte Gefühle,
die du in deiner Trauer spürst.
Aber sei dir bewusst:
Dein Trauerschmerz ist die Kehrseite deiner Liebe.
Liebe ist eine wunderbare Erfahrung.
Du hast sie erlebt.
Du hast dich einlassen können auf einen Menschen,
du hast das Glück erlebt, zusammen zu sein.
Deine Liebe war stark
und sie ist es noch.
Wenn du nicht geliebt hättest,
dann brauchtest du nicht zu trauern.
Du warst in Liebe verbunden
mit dem Menschen, der von dir gegangen ist.
Du bist es noch;
darum tut es jetzt weh.
Es ist ein Stück von dir mit weggegangen.

Du hast viel zu erzählen

Wenn dir das Herz überfließt, dann erzähle!
Von den Eigenheiten des geliebten Menschen:
Wie das Kind seine Apfelreste
in der ganzen Wohnung hinterließ,
wie der Partner, die Partnerin immer
um die gleiche Zeit Kaffee brauchte.
Vielleicht steht dir auch ständig vor Augen,
wie er oder sie gestorben ist.
Erzähle auch von scheinbar Nebensächlichem:
Womit warst du gerade beschäftigt,
als die Todesnachricht kam?
Erzähle von den letzten Zeichen
des Guten und Schönen nahe an diesem Tod:
von einem letzten Händedruck,
einem Lächeln, einem Kuss auf die kalte Stirn.
Es tut gut zu erzählen, viele Male, immer wieder.
Jedes Mal ordnen sich
deine Gedanken und Gefühle ein bisschen mehr.

Du hast viele Fragen

Viele Fragen gehen dir durch den Kopf.
Wieder und wieder gehst du sie durch.
Hast du alles getan, was du konntest?
Hast du vielleicht letzte Wünsche übersehen,
sie nicht ernst genug genommen?
Bist du bei einer Gelegenheit nicht bei ihm gewesen
oder bei ihr, als du gebraucht wurdest?
Hast du ihm etwas vorenthalten,
einen Wunsch nicht erfüllt?
Du fragst auch, wer schuld ist an diesem Tod.
Wer hat etwas falsch gemacht oder versäumt?
Die Verwandten, die Ärzte, du selbst? Oder Gott?
Vielleicht fragst du auch: Warum gerade wir?
Ist dieser Schicksalsschlag Strafe? Wofür?
Die Fragen finden oftmals keine Antwort.
Aber du sollst wissen:
Wir Menschen bleiben uns immer etwas schuldig,
gerade auch wenn wir uns lieben.
Deine Schuldgefühle und Fragen
sind ein Ausdruck deines Feingefühls.

Du bist auf der Suche

Trauernde spüren oft große Unruhe.
Viele suchen unbewusst
nach dem geliebten Menschen.
Man sieht auf der Straße ein Gesicht
und denkt einen Augenblick lang: Das ist er.
Er ist es natürlich nicht.
Verständlich, dass jemand den Menschen sucht,
der bisher so wichtig für ihn war.
Bist du auch auf der Suche? Wonach?
Suchst du irgendwie noch nach dem Verstorbenen?
Oder suchst du schon nach einer neuen Heimat
für dich selbst, nach einem neuen Leben?
Denn dein bisheriges seelisches Zuhause
ist so, wie es war, nicht mehr da.
Vielleicht suchst du auch nach einem neuen Sinn,
nach einer neuen Weisheit, die trägt,
nach einem neuen Vertrauen zum Urquell, zu Gott,
wie immer du ihn nennen magst.
Wie auch immer, deine Suche wird dich weiterführen.

Du bist unterwegs

Es ist gar nicht lange her,
da bist du hinter Sarg oder Urne hergegangen.
Auch jetzt noch bist du unterwegs.
Du veränderst dich, vieles tust du zum ersten Mal.
Wer sich bewegt, bleibt lebendig, sagt man.
Manchmal fühlst du Lähmung, Kraftlosigkeit.
Du kannst dich kaum zu etwas aufraffen.
Dann mag es gut sein,
sich jeden Tag etwas vorzunehmen,
kleine und größere Notwendigkeiten,
die Notwendigkeiten des Alltags.
Und sie auch durchzuführen.
Du bist stark genug dazu.
Du bewegst dich eigentlich sogar mehr als andere,
die in ihrem Trott weiterleben.
Du betrittst Neuland.
Selbst wenn es sich manchmal so anfühlt,
als trätest du auf der Stelle -
traue den Kräften der Veränderung in dir.
In deiner Trauer bist du auf dem Weg.

Du siehst mit anderen Augen

Du siehst Menschen achtlos miteinander umgehen,
als wäre es selbstverständlich,
dass sie immer füreinander da sein können.
Dabei ist auch ihre Zeit begrenzt.
Du siehst einen Vogel auf dem Dach eines Hauses,
du beachtest ihn voll Freude.
Du weißt: Das Glück, ihn zu sehen, währt nicht ewig.
Viele Menschen siehst du heimlich leiden.
Sie zeigen es nicht offen. Es beachtet sie niemand.
Du hast einen anderen Blick auf die Dinge.
Dein Schmerz hat dich sensibler gemacht.
Vielleicht siehst du hin und wieder sogar
eine andere Wirklichkeit durchscheinen,
siehst für einen Moment den geliebten Menschen
in einem anderen Licht.
Du erahnst ihn vielleicht hinter den Wolken
und seine Liebe dringt zu dir wie ein Sonnenstrahl.
Oder ist er in der innersten Kammer deiner Seele?
Du siehst tiefer.

Du hast ein feines Gehör

Der Lärm der Lautsprecher stößt dich ab.
Alles ist so schnell, so laut, so krass.
Du bist ganz Ohr, aber für anderes:
Du hörst das Rauschen von Blättern im Wind.
Das Summen eines Insekts.
Das Lied eines Vogels vor deinem Fenster.
Du vernimmst ganz fein
den Unterton in den Worten anderer.
Den Ton echter Anteilnahme hörst du heraus.
Du vernimmst vielleicht sogar noch leise
die Töne der Musik, die ihr gemeinsam gehört habt.
Du hörst nicht nur mit den Ohren,
zärtlich lauschst du auch mit dem Herzen.
Ja, manchmal hörst du mit ganz feinen Sinnen
den geliebten Menschen, den du verloren hast.
Manchmal hörst du die Dielen knarren,
als ginge er darüber.
Manchmal hast du seinen Atem noch im Ohr.
Vielleicht vernimmst du sogar noch seine Stimme.

Du fühlst intensiv

Du fühlst deinen Körper anders als früher.
Vielleicht spürst du den Schmerz des Verlustes
wie einen Druck auf der Brust
oder wie eine lähmende Fessel an deinen Beinen.
Bewusst den Körper zu spüren
ist nicht immer angenehm,
aber es ist gut.
Du lernst dich selbst neu kennen.
Dein Körper lässt dich Neues erfahren,
wie er sich verspannt unter der seelischen Last.
Gerade auch jetzt.
Vielleicht spürst du aber auch die Zartheit
der Luft auf deiner Haut, die sich nach Berührung sehnt.
Das Leben hat eine ganz andere Tiefe als zuvor.
Wunderschön und schmerzlich.
Dein Leben ist intensiv.
Vielleicht fühlt dein Körper mitten im Schmerz
sogar noch immer ganz sacht
die Berührung dessen, den du verloren hast.

Du findest neues Leben

Du hast tatsächlich mit dem geliebten Menschen
einen Teil von dir selbst verloren.
Jetzt baust du dein Leben Stück für Stück neu auf:
neue Gewohnheiten, neue Beziehungen.
Mit dem Trauern wird man nicht ein für alle Mal fertig.
Man macht einen Fortschritt
und geht dann von Neuem auf die Suche.
Vielleicht findest du eine neue Beziehung zu dem,
den du verloren hast.
Eine neue tröstliche Nähe zu ihm oder ihr.
Ein Trauernder berührt das Kuschelkissen
seiner verstorbenen Frau und fühlt sich so ihr nah.
Eine Frau setzt sich in seinen Lieblingssessel.
Eine Mutter macht den Teddybär ihres verstorbenen Kindes
zu ihrem eigenen Schmusetier.
Und einer liest im Lieblingsbuch seines Vaters.
Symbolische Nähe, eine neu gefundene Beziehung.
Trauern ist eine Kraft zum Leben.
An nicht gelebter Trauer kann man ersticken.

Du beginnst, dich zu lösen

Manche raten dir: Lass doch los!
Aber du kannst nicht einfach loslassen. Wie auch?
Er oder sie ist ja nicht weg,
nicht aus der Welt und nicht aus deinem Herzen.
Es geht eher darum, dem, den du liebst,
einen neuen Ort zu geben, eine neue Rolle.
Er begleitet dich weiter durch dein Leben,
nur anders als vorher,
aus der Ferne, aus seiner Welt des Friedens,
von dort, wo du ihn lassen kannst. Oder sie.
Du bist auf der Suche nach seinem neuen Ort,
seiner neuen Rolle.
Bei dieser Suche wirst du Bindungen lösen,
Denkgewohnheiten, die jetzt nicht mehr tragen.
Vielleicht wirst du noch oft weinen bis dahin.
Mit jeder Träne löst sich etwas,
lösen sich deine Blockaden.
Deine Trauer kommt in Fluss und du wirst freier.

Du bist offen

Auch wenn das Leben dir nicht alle Wünsche erfüllt hat,
auch wenn manches anders war als erwartet,
auch wenn dir der geliebte Mensch gestorben ist -
da ist eine Sehnsucht in dir nach Geborgenheit,
nach Frieden, nach dem Ende allen Schmerzes.
Spürst du diese Sehnsucht?
Manche Trauernden erfahren ein kleines Wunder:
Da öffnet sich ihnen unerwartet, unerklärlicherweise,
vielleicht nur für ein paar Augenblicke,
eine andere Welt:
Frieden und Harmonie, Antwort auf alle Fragen.
Es sind bewegende, großartige Augenblicke.
Man vergisst sie nie wieder.
Die andere Welt leuchtet schon jetzt in den Alltag,
entfaltet jetzt schon segensreiche Wirkung.
Wer sie erlebt hat, wird ein bisschen weise.
Durchscheinend werden die Grenzen des Lebens
für das Ewige, für die Urkraft des Lebens, für Gott,
wie immer du ihn nennen magst.

Du entdeckst Rituale

Hast du schon Rituale gestaltet für deine Trauer?
Einer pflegt zum Beispiel eine Pflanze,
die er besonders dem geliebten Menschen widmet,
oder gestaltet ein Mandala
und lässt es vom Winde verwehen.
Eine andere legt für ihn eine Schatzkiste an.
Einer schreibt einen Liebesbrief,
um alles Ungesagte mitzuteilen.
Eine andere spricht mit ihm beim Spazierengehen.
Viele bauen rituell eine Gedenkecke auf:
ein Bild, ein Lieblingsgegenstand, eine Kerze,
eine ganz persönliche Trauerecke.
Einige Minuten am Tag sind vorgesehen
für den geliebten Menschen, der gegangen ist.
Wie könnte dein Ritual aussehen,
das genau zu ihm und zu dir passt?
In deiner Trauer bist du kreativ.
Hast du schon so etwas wie ein Ritual entwickelt?

Du betest

Oft beten Trauernde,
nicht, weil man es tut,
sondern weil ihnen danach zumute ist.
Sie sprechen sich aus,
sie suchen Verbindung zum Urquell des Lebens,
stotternd vielleicht und mit improvisierten Worten,
so wie sie ihnen einfallen.
Betest du? Oder ist es dir fremd?
Tust du es für den geliebten Menschen
oder eher für dich selbst, um Antwort zu finden?
Manche machen ein kleines Ritual aus ihrem Gebet.
Bedeutet dir das auch etwas?
Vielleicht ist dein Gebet eine wiederholte Klage
und sie muss viele Male ausgesprochen werden.
Oder es ist eine Anklage an Gott
über den ungerechten Verlust.
Vielleicht sprichst du deine Angst aus,
vielleicht sagst du sogar ganz von innen heraus Dank.

Du bist mit anderen verbunden

Keiner ersetzt dir deinen Verlust.
Aber es entstehen neue Beziehungen.
In deiner Trauer haben manche alten Freunde
dich enttäuscht.
Sie waren deinem Schmerz nicht gewachsen.
Sie waren wohl selber hilflos.
Schade darum.
Aber du hast andere Menschen gefunden,
neue Begegnungen auf dem Weg deiner Trauer.
Manche konnten dich annehmen,
konnten deine Gedanken,
deine Klagen, deine Wut aushalten.
Gehe ruhig zu denen,
bei denen du dich verstanden fühlst.
Manch einer erweist sich jetzt ungeahnt als Schatz
und seine Nähe tut gut.
Geh und suche Kontakt zu den Erfahrenen,
die schon gereift sind in Trauerzeiten,
oder auch zu denen, die deine Erfahrung brauchen.

Du kannst trösten

Niemand kann so trösten,
so ehrlich, so echt und gut,
wie die, die Trauerzeiten durchlebt haben.
Spürst du schon,
dass du anders auf andere Menschen eingehst,
authentischer?
Du kennst aus eigenem Erleben,
was andere bewegt.
Selbst wenn du früher zu billigen Trostworten gegriffen hättest,
jetzt bestimmt nicht mehr.
Du bist gewachsen in deiner Kraft zu trösten.
Trauernde wie du bereichern die Welt.
Ohne Trauernde wie dich
wäre die Welt oberflächlicher.
Spürst du, wie etwas durch dich
liebevoll und stärkend auf andere wirkt,
wie du Bote wirst und Zeichen
einer größeren Segenskraft?

Du kennst den Zweifel

Du hast gelernt, mit Zweifeln zu leben.
Auch das ist deine Stärke.
Zweifeln heißt, in zwei Richtungen zu schauen.
Ein Blick auf die Ohnmacht
und ein Blick auf die Hoffnung.
Ein Blick auf den Schmerz
und ein Blick auf den Dank.
Beides kann nebeneinander sein.
Ein nüchterner Blick auf deinen Verlust
und eine Ahnung von neuen Möglichkeiten,
die das Leben dir gibt.
Niemand verlangt von dir ein Gottvertrauen
ohne „Wenn" und „Aber".
Das Leben oder Gott, wie immer du ihn verstehst,
ist erst im Kommen, wird sich erst noch zeigen.
Du hast die Kraft, den Zwiespalt auszuhalten.
Du kannst in beide Richtungen zugleich schauen.
Das hast du mit den Heiligen gemeinsam.
Vielleicht waren die Heiligen die größten Zweifler.

Dein Vertrauen wächst

In dir wächst neues Vertrauen,
auch wenn es im Leben keine letzte Sicherheit gibt.
Christen glauben,
dass Jesus durch das Vertrauen zu Gott
getragen wurde über seinen Tod hinaus.
Sogar über den grausamen Kreuzestod hinaus.
Vertrauen trotz der himmelschreienden
Ungerechtigkeit seiner Verurteilung.
In großartigen Bildern wurde es ausgemalt,
wie Jesus hinübergegangen ist in die ewige Welt.
Viele Trauernde haben ihre
eigenen Bilder der Ewigkeit gefunden,
ganz persönlich, ganz frei. Das hat sie getragen.
Kannst du ein Hoffnungsbild auch für dich finden?
Und für den geliebten Menschen, der von dir gegangen ist?
Wie sieht dein Bild des Trostes aus?
Lass dein Vertrauen wachsen.
Ja, wenn du magst, mal dir aus,
wie es sein könnte dort in der Ewigkeit.

Du wagst neue Hoffnung

Du hast den Tod eines lieben Menschen überlebt,
Partner oder Partnerin, Elternteil oder gar ein Kind.
Du musstest durch schlimme Zeiten gehen.
Alles schien dir wegzubrechen, aber du hast dich
zur Lebensbejahung durchgerungen.
Deine Hoffnung ist lebendig und heilsam.
Worauf hoffst du heute?
Viele Menschen hoffen darauf, spüren es sogar,
dass die Verstorbenen ihnen Kraft senden
aus jener anderen Welt,
dass sie uns Zurückgebliebene stärken,
uns wohlwollend begleiten,
uns Segen schicken.
Hoffnung ist so wichtig wie das tägliche Brot.
Von Trauernden, die sich durchgerungen haben,
geht etwas Heilsames aus.
Sie zeigen, was im Leben wirklich guttut.
Die Welt braucht Menschen,
die die Trauer kennen.

Danke

Ich danke ganz herzlich den vielen Trauernden, die mir im Rahmen der Seelsorge an ihrem Erleben Anteil gegeben haben, sodass ich ihre Not zu verstehen und ihre Kraft wertzuschätzen gelernt habe. Besonders danke ich Andrea Schotten, die mir viel von ihren Begegnungen mit Trauernden aus psychoonkologischen Gruppen erzählt hat, und Pfarrerin Antje Wenzel-Kassmer, die mich aus ihrer großen Erfahrung mit Trauergruppen heraus zu neuen Ideen angeregt und das Entstehen dieses Buches begleitet hat.

www.herder.de

Gesamtgestaltung und Satz: Atelier Georg Lehmacher, Friedberg (Bay.)
Fotografie Einband: © fotolia/Leonid Ikan
Fotografien innen: Renate & Georg Lehmacher
Herstellung: graspo CZ, Zlín

Gedruckt auf umweltfreundlichem, chlorfrei gebleichtem Papier

Printed in the Czech Republic

ISBN 978-3-451-34793-1